小大師

DER KLEINE GROSSMEISTER SITZT NACH

O/D
Ottweiler Druckerei
und Verlag GmbH

JÜRGEN ALBERS

ERLEUCHTUNG MIT HINDERNISSEN

DER KLEINE GROSSMEISTER SITZT NACH

PFADE DER ERLEUCHTUNG

INHALT

»Non c'e due senza tre«

(Wo zwei sind, kommt auch ein Drittes)

Italienische Redewendung

Jetzt aber Schluss!
Letzte Worte zu Beginn

»Lasst uns streben, ganz gelassen
mehr zu lassen als zu tun!
Lasst uns dann das Streben lassen
Und gelassen in uns ruhen!«

So hieß es am Schluss des zweiten Bandes mit Geschichten vom Kleinen Großmeister.
Und nun schon wieder eine Sammlung von Texten!

Andere Autoren können sich wenigstens damit entschuldigen, der Verleger habe zu einer Fortsetzung gedrängt, tausende begeisterte Leser warteten ungeduldig, und die Medien hätten wiederholt gefragt, ob es nicht bald den dritten Teil gebe.

Ich habe keinen Verleger, zwei oder drei Leser warten (geduldig) – und die Kollegen in den Medien erwarten eher ungeduldig, dass ich endlich den Mund halte.

Nun könnte ich sagen, der Weg sei mein Ziel, oder die Musen und die Kunst drängten mit Macht durch mich zum

Ausdruck. In Wirklichkeit geht es einfach um Selbstverteidigung: Würde ich meinen Ärger nicht in Satiren fassen, hätte ich längst ein Magengeschwür; könnte ich mein klägliches Versagen beim Meditieren nicht komisch darstellen, würde ich verzweifeln.

Deshalb schildere ich Ihnen nun die Probleme eines Mannes, jemals erwachsen zu werden, die Angst des Samurai beim Zahnarzt, das Leben in einer Bürokratie, Zen in der Kunst des Staubsaugens und die Gefahren der Handarbeit. Dass ich dabei fernöstliche Weise ebenso zitiere wie westliche Popmusiker, wird Sie wundern; ich finde es auch wunderbar.

Eigentlich wollte ich mir die Mühe, ein Buch drucken zu lassen, ersparen. Diese Texte sollten nur elektronisch oder auf Papier an wenige Freunde gehen. Aber dann haben mich einige Leute so inspiriert (geärgert), dass ich ihnen nicht die Freude meiner Kapitulation machen möchte.

Mögen also die Yedi-Ritter ein letztes Mal gegen das Imperium antreten!

»Wenn man mit zwei Händen klatscht, entsteht ein Ton. Wie klingt das Klatschen der einen Hand?«

(Zen-Koan)

Der einstimmige Dialog
Ein Samurai beim Zahnarzt

Zahnärzte haben es noch besser als Radio-Moderatoren.

Aber fangen wir vorne an: Es gibt Menschen, die zu Hause nichts zu sagen haben. Sie werden dann Lehrer. So haben sie immer ein zwangsverpflichtetes Publikum, das ihnen zuhören muss. Ähnlich machen es Führungskräfte: Sie berufen Sitzungen ein, um Gesellschaft zu haben und beliebig lange Reden halten zu können.

Wer ganz sicher sein will, reden zu können, ohne freche Antworten zu bekommen, wird Radio-Moderator. Noch besser haben es nur Zahnärzte.

Der Kleine Großmeister lag mit weit geöffnetem Mund auf dem Behandlungsstuhl, ein Haken und ein Spiegel wanderten über seine Zunge.

»Also, die Gesundheitspolitik der Regierung ist doch wirklich ein Skandal! Nicht wahr?«, meinte der Doktor.
»Oarrghh!« antwortete gurgelnd der Meister.
»Wir sind immer die ersten, bei denen gespart wird!«, bohrte der Zahnmediziner weiter.
»Grräähhh«, kommentierte der vor ihm Liegende. Er musste an den Koan vom »Klatschen der einen Hand« denken und meditierte über einen »Dialog mit einer Stimme«.

Der Kleine Großmeister ging gerne zum Zahnarzt. Hier konnte er Demut üben, seine Gelassenheit prüfen und sein Ego in die Schranken weisen.

»Wie kann ein Meister der Kampfkünste Angst vor einer Spritze und einem winzigen Bohrer haben?«, fragte sich der Kleine Großmeister – und versuchte, sein flaues Gefühl im Magen mit dem spärlichen Frühstück zu erklären.

»Haben nicht die Samurai, wenn sie ihr Gesicht verloren hatten, (ohne Betäubung) ein Schwert in ihren Unterbauch (Hara) gestoßen, ihn zerschnitten (»Hara-Kiri«), um dann die Klinge nach oben zu ziehen?«, dachte er schaudernd.

Schweiß auf der Stirn und verkrampfte Hände zeigten ihm, dass er von Heldentum doch noch recht weit entfernt war. Er versuchte, sich ganz auf sein Kronen-Chakra zu konzentrieren, leitete alle Aufmerksamkeit auf einen Punkt oberhalb seines Scheitels. Das ist in fast waagerechter Position gar nicht so einfach, weil die Linie der Wirbelsäule zur Wand zeigt - und die Krone leicht herunterfallen kann.

»Unsere Lage wird immer dramatischer!«, hörte er in weiter Ferne den Zahnarzt klagen.

»Iaahhr«, stimmte der Meister zu

Er konzentrierte sich wieder und spürte die kosmische Energie in und um sich; er hörte aber auch das Brummen des Bohrers, der ihm wie ein Presslufthammer erschien.

»Ja, unsere Sinne spiegeln nur Illusionen wider!«, dachte er – was kaum Trost bot, obwohl es wahr war.

»Üben und Alltag sind eins!!«, ermahnte sich der Kleine Großmeister. »Ich darf nicht nur auf meinem Meditationskissen stark und gelassen sein! Hier ist Rhodos, hier muss ich springen...«

»Ach, ich würde ja gerne springen, dieses Geschehenlassen ist viel schwieriger.«

»Atem-Regulation! Ganz langsam ein- und ausatmen! ...«

Ein Finger auf seiner Zunge und ein Speichel-Absauge-Apparat hinter seinen Zähnen ermöglichte Üben unter erschwerten Bedingungen.

Fertig! Der Meister erhob sich mit zittrigen Beinen, verließ die Praxis und ermahnte sich beim Betreten der Straße, dass auch übertriebene Freude das rechte Maß vermissen lässt.

Seine Aura ließ sich nicht beirren, sie leuchtete kräftig.

Stolz wie ein Samurai nach der Schlacht schritt der Meister weiter.

»Oarrghh!« erklang kehlig sein Kampfschrei.

»Ein Bettelmönch fragte einen alten Heiligen:
›Was ist der Weg?‹
Der Heilige antworte: ›Der Alltagsgeist ist der Weg‹.«

(Yagyu Munenori, 1571 – 1646))

Gelassenheit lassen!

Ein Held beim Arzt

»Oh, das gefällt mir aber gar nicht!«, meinte die Ärztin leicht besorgt. »Von diesem Muttermal werden Sie sich trennen müssen. Da müssen wir operieren.«

Der Kleine Großmeister wankte. »Tut mir leid, ich habe noch nicht gefrühstückt«, murmelte er, als er sich, weiß wie eine Schneeflocke, auf einen Stuhl gleiten ließ.

Die Ärztin bot ihm einen Tee an und lächelte mitfühlend.

Schon bald röteten sich die Wangen des Kleinen Großmeisters wieder – aus Scham, aber auch aus Zorn auf sich selbst: »Ist das meine Gelassenheit?«, fragte er sich. »Sitze ich täglich auf meinem Meditationskissen, um dann bei der ersten schlechten Nachricht umzukippen??«

Zum Glück findet ein wahrer Philosoph in jeder Situation ein Argument:

»Gelassenes Akzeptieren der Welt heißt auch, meine Schwäche zu akzeptieren«, sagte er sich, »und überhaupt: Es gibt immer auch Yin im Yang – und umgekehrt. Ich bin schließlich noch nicht im Nirwana, und in dieser Welt muss man die Gelassenheit auch mal lassen können!«

So rief er sich selbst zu und fühlte sich geradezu als Held des mittleren Maßes.

Aber damit hatte er schon das nächste logische Problem: Heldentum ist nämlich nie mittelmäßig und äußerste Mittelmäßigkeit ist ein Widerspruch in sich.

»Warum will ich überhaupt ein Held sein?«, fragte der Meister sich. »Habe ich vielleicht zu viele Geschichten über große Zen-Meister gelesen, die ja oft wie Heldensagen klingen? Oder war es doch eher Karl May als Hakuin? Hm. Werden Männer je erwachsen? Sind Frauen erwachsener?«

Der Meister grübelte und grübelte – und hatte sich so wirksam von seiner Schwäche abgelenkt (und die verehrten Leser hoffentlich auch).

»Frustra laborat, qui omnibus placere studet«
»Vergeblich bemüht sich, wer allen gefallen will«
(Autor unbekannt)

Placebo!
Wenn der Zweifel verzweifelt

Friedlich saß der Kleine Großmeister auf seinem Meditationskissen. Selig lächelnd konzentrierte er sich auf seine Chakras und spürte, wie die kosmische Energie in ihm floss.

»Na, na«, meinte da plötzlich ein skeptischer Teil seines Bewusstseins, »was da kribbelt könnte auch eine Durchblutungsstörung sein, vielleicht phantasierst Du auch im Halbschlaf.«

Der Meister unterdrückte den Zweifel. Nicht unterdrücken konnte er seine eher praktisch denkende Frau, die meinte, dass es nach allen naturwissenschaftlichen Untersuchungen Chakras oder Chi ebenso wenig gebe wie den Jedi-Meister Yoda und »Die Macht«.

»Du bist ein typisches Beispiel für Auto-Suggestion, du bist nicht nur eingebildet, du bildest dir auch allerlei ein!«, schimpfte die Meisterin.

»Moment!«, wehrte sich der Meister, »Nehmen wir einmal an, ich bildete mir etwas ein. Wenn Leute durch Auto-Suggestion und Selbst-Hypnose beim Zahnarzt das Bohren nicht spüren, dann hast du ein logisches Problem. Dann gibt es nämlich eine Willens-Kraft, die Nervenzellen überlisten kann und die naturwissenschaftlich nicht zu erklären ist.«

»Erzähl' DU mir nichts vom Zahnarzt. du wirst doch schon blass, wenn du nur im Wartezimmer sitzt!«

Das war zwar kein Argument, aber dennoch wahr. Der Kleine Großmeister war kurz zerknirscht, dann fasste er wieder Mut und konterte:

»Ihr westlichen Zweifler widerlegt Euch selbst. Da habt Ihr tausendmal streng wissenschaftlich nachgewiesen, dass viele Heilmittel ›nur‹ einen Placebo-Effekt haben, dass sie also ›nur‹ wirken, weil die Patienten daran glauben. Was heißt da ›nur‹?? Wenn Glaube gesund machen kann, ist euere Wissenschaft am Ende. Glaube ist mindestens so geheimnisvoll wie Chakras.
Ihr habt also selbst bewiesen, dass es Dinge gibt, die euer Schulwissen übersteigen!«

Zufrieden begab sich der Kleine Großmeister in Meditationshaltung. »Placebo – ich werde gefallen!«, murmelte er – und das gefiel ihm sehr.

Wer am längsten bleibt, ...

Die Chef-Trilogie, Teil 4

»There are many here among us,
who feel that Life is but a Joke.«
»Viele von uns fühlen,
dass das Leben nur ein Witz ist.«
(Bob Dylan, »All along the Watchtower«, 1967)

Wer ahnt, dass das Leben vielleicht einfach ein Witz ist, der kann auch Gefallen an Absurditäten finden, zum Beispiel an vierteiligen Trilogien oder der Arbeit in Rundfunk-»Anstalten«, wie es so treffsicher heißt.

In einer solchen Anstalt kann zum Beispiel der weltbeste Techniker oder Journalist nur Karriere machen, indem er das aufgibt, was er am besten kann, und stattdessen Verwalter wird.

»So lernen wir loszulassen!«, freute sich der Kleine Großmeister, »Unser aufgeblähtes Ego nimmt Selbstverwirklichung oder Kreativität viel zu wichtig!«

Der Meister machte seinen Geist ganz leer und besuchte eine »Arbeitsgruppe« nach der anderen. Hier lernte er Geduld, wurde doch (entgegen dem irreführenden Namen) weniger gearbeitet als geplaudert - und geplant, was andere arbeiten sollten.

Weil unerleuchtete Menschen es nicht lieben, wenn man ihnen sagt, was sie tun sollen, war anschließend »Controlling« gefragt, um die Arbeit der anderen zu überwachen.

Dies erwies sich als hervorragende Form der Arbeitsbeschaffung, weil es im Idealfall für eine Arbeit einen Planer, einen Ausführenden und einen Controller gab.

Der Meister dachte an Jesus und seine wunderbare Brotvermehrung – und er spürte Dankbarkeit.

»Das ist tätige Nächstenliebe!«, freute er sich. »Warum soll ich eine Sendung selbst machen, wenn ich sie auch planen, in Auftrag geben und dann kontrollieren kann?«

Für solche Einsicht wurde er belohnt: Nach einer Beförderung traf der Kleine Großmeister täglich Leute, die so wichtig waren, wie er nun selbst war – oder noch wichtiger! Die Wichtigen spielten das Spiel »Wer am längsten bleibt, wird befördert!«. Das kostete so viel Zeit, dass für andere Menschen und Aktivitäten kaum noch Raum blieb.

Der Meister dachte an einen Song von Stephen Stills, der schon 1970 sang: »If you can't be with the one you love, love the one you're with«(»Wenn Du nicht mit der zusammen sein kannst, die du liebst, liebe die, bei der du bist!«) Er lernte, seine Führungskräfte zu lieben.

Die Exerzitien im Betrieb erleichterten es, das Leben eines Mönchs zu führen. Die »Unbehaustheit« führte dazu, dass der Meister zu Hause kaum noch vermisst wurde; Frau und Tochter lernten so Selbständigkeit und suchten sich andere Kontakte. Dies wiederum erleichterte die Eingliederung in die Gemeinschaft des Firmen-Klosters, wo man nun noch mehr und länger zusammen saß.

Eines Tages wachte der Kleine Großmeister nach einer Sitzmeditation auf und entdeckte, dass er, ohne es zu merken, seinen Körper auf der letzten Sitzung zurückgelassen hatte. Er war im Nichts angekommen

– und spürte kaum einen Unterschied.

»They sentenced me to twenty years of boredom
for trying to change the system from within«
»Sie verurteilten mich zu 20 Jahren Langeweile
für den Versuch, das System von innen zu verändern«

(Leonard Cohen, »First we take Manhatten«, 1988)

»Shikantaza – einfach nur sitzen«

Setzen: Sechs!
Der Meister als Käfer

Sich auf den Boden zu setzen, ist gar nicht so einfach. Besonders für Ältere mit Gelenkproblemen wird es zum Abenteuer, auf den Teppich zu kommen: Da sticht das Knie, da ziehen die Bandscheiben, da verliert man das Gleichgewicht und landet (im günstigsten Fall) auf dem Bauch.

Der Kleine Großmeister war nicht fähig, seine Sitzmeditation im Lotussitz zu praktizieren. Selbst harmlos gekreuzte Beine ertrug er nur mit mehreren Kissen unter dem Wurzel-Chakra. Zu Hause lagen hierfür Polster bereit, auf Reisen musste er improvisieren: Im Hotelzimmer reichte das flache und gummiartige Kopfkisten nicht; er musste eine Decke möglichst oft falten. Im Hochsommer erfüllte das Personal den Wunsch nach einer zusätzlichen Decke oft sichtlich irritiert.

Hatte er dann seine Polster bereitet, begann der beschwerliche Weg nach unten: ein Knie beugen, das andere vorsichtig zum Boden bringen, auf alle Viere plumpsen und rückwärts zur Unterlage kriechen, sich setzen. Mehr als einmal war er beim Setzen nach hinten umgekippt, hatte wie ein Käfer auf dem Rücken gelegen und mit den Beinen gestrampelt (was die Einheit aller Lebewesen betont...) Der Meister fragte sich, ob auch Franz Kafka meditiert hatte, bevor der »Die Verwandlung« schrieb.

So kann man Demut lernen.

Wenn der Kleine Großmeister endlich saß, konnte er sich eine halbe Stunde lang großartig fühlen, war doch Bewegungslosigkeit nun das Ziel. Blähte sich sein Ego durch den kleinen Erfolg zu sehr auf, wurde es gleich wieder geschrumpft: Die gekreuzten Beine schienen eingerostet zu sein, das (orthopädisch korrekte) Aufrichten über »Vier-Füsser-Stand« und Kniebeuge wirkte weder elegant noch würdig.

Der Meister freute sich, dass im Alter innere Werte und Spiritualität immer wichtiger werden.
Gesunde Gelenke hätte er dennoch begrüßt.

Der Mann, der zum Tisch wurde...

Ein älterer Herr, der Probleme mit seinen Gelenken hatte,
machte seine regelmäßige Gymnastik:
Er beugte sich im Stand nach vorne
und berührte mit den Fingerspitzen den Boden.
Leider konnte er sich anschließend nicht mehr aufrichten.
Seine Familie legte eine Tischdecke über ihn
und schmückte ihn mit einer Blumenvase.

»shoshin o wasurezu – Verliere nie das Gefühl eines Anfängers!«

(Funakoshi Gichin, Begründer des Karate, 1869–1957)

Ewige Jugend

Altherren-Karate

»Werden Männer je erwachsen?«

Das fragte sich die ebenso schöne wie kluge Tochter des Kleinen Großmeisters oft, wenn sie sah, wie ihr Vater seinen alten Karateanzug anzog, um zum Übungsraum (Dojo) zu hinken.
»Kauf dir doch wenigstens mal einen neuen Gürtel!«, meinte sie, »Dieser ist ja schon ganz verschlissen, hat mehr weiße Stellen als schwarze.«

»Na, da passt er doch perfekt zu mir!«, entgegnete der Meister, »Ich bin auch reichlich verschlissen und habe mehr graue Haare als dunkle. Außerdem schließt sich so der Kreis der Gürtel-Farben: Mit Weiß habe ich angefangen, nun kehre ich über Farbig und Schwarz zum Weiß zurück.«

Im Dojo unterstützte ihn sein Meister: »Das ist Shoshin, der Anfängergeist, der uns hilft, alles immer wieder unbefangen zu sehen – wie ein Kind.«

Der Kleine Großmeister freute sich über das Lob, im Hinterkopf grummelte aber eine Stimme, die meinte, von kindlich sei es nicht weit bis kindisch – und es sei schon seltsam, als alter Mann auf Schlagpfosten und Sandsack einzuprügeln.

»Mann tut, was Mann kann«, rechtfertigte sich das Großhirn. »Ich bin zu alt, um wegzulaufen oder hinter jungen Leuten her zu springen, aber im Stand kann ich noch recht gut zuschlagen.«

»Und was soll das Ganze?«, fragte die grummelnde Stimme, »Ich dachte, du lernst loszulassen? Gib den Sport doch endlich auf!«

»Na hör mal: Erstens gibt es den schönen Spruch ›Du hast keine Chance, aber nutze sie‹.
Zweitens muss ich ja irgend etwas tun; nur im Sitzen meditieren ist auch nicht abendfüllend. Und drittens ist das kein Sport. Das hat mit Wettkampf nichts mehr zu tun, ich übe nur für mich.«

»So so... Und du fühlst Dich kein bißchen wie Bruce Lee oder Winnetou?«, fragte ein ketzerischer Hirnlappen.

Der Meister musste lächeln. Er fragte sich nun auch, ob Männer je erwachsen werden – und freute sich, dass er doch jung geblieben war.

»Hishiryo – jenseits des Denkens«

Der ganz kleine Kreislauf
Die Kunst des Schweigens

Qi Gong wird oft falsch verstanden.
Da gibt es zum Beispiel den »kleinen Kreislauf«, bei dem durch die Nase Luft (und frisches Chi) eingeatmet wird. Es wird über die Vorderseite des Körpers zum Unterbauch geleitet, dann über den Rücken zurück.

Nun kürzen einige wenig Erleuchtete ab: Sie gehen auf dem Rückweg vom Nacken gleich zum Gaumen, lassen das Gehirn außerhalb des Kreises.

Das macht es möglich, dass beim Weg des Atems durch die Stimmbänder Laute erzeugt werden können, die vom Gehirn nicht kontrolliert werden und völlig sinnfrei sind.

In östlichen Klöstern wird deshalb streng darauf geachtet, still zu atmen.

»Rede selten nur«, ermahnte schon das Tao-Te-King (Kap. 23, 53)

Ein westlicher Weiser formulierte die Warnung:

»Vor dem Öffnen des Mundes: bitte Gehirn einschalten!«

Der Kleine Großmeister beobachtete im Alltag oft Menschen, die alle Warnungen missachteten und Laute von sich gaben, die an Charly Chaplins Reden als »großer Diktator« erinnerten oder auch an das fröhliche Gebrabbel von Säuglingen.

Fernsehsendungen führten die sinnfreie Kommunikation zu höchster Vollendung. Experten entwickelten die bewundernswerte Technik, beim Aus- und Einatmen plappernde Geräusche zu erzeugen.

Heiler wie Werner Schneyder diagnostizieren hier Züge von »Logorrhoe« – ein Wortdurchfall, der es Menschen unmöglich macht, ihre Worte zu halten.

静

»Warum hat der liebe Gott das Gehirn nicht in den Nacken gelegt?«, fragte sich der Kleine Großmeister. »Dann würde das fließende Chi das Denkvermögen auf kürzerem Weg stärken.«

»Nanu«, fragte seine ebenso schöne wie kluge Tochter spöttisch, »ich dachte, wir sollen beim Meditieren lernen, bewusstes Denken aufzugeben. Kann man diesen Zustand nicht auch erreichen, ohne das Stadium des Denkens und des Übens durchlaufen zu haben?«

»Es soll einige Auserwählte gegeben haben, die sehr schnell zu spontaner Erleuchtung kamen.«, grübelte der Meister. Aber das betraf eben nur eine kleine Minderheit: »Viele sind berufen, aber wenige auserwählt«, heißt es in der Lutherbibel (Matthaeus, 20,16).

Für die Mehrheit stand eher ein Mann im Fitnessstudio, der Schlager pfiff, fast gleichzeitig von den Feinheiten seines letzten Einkaufsbummels berichtete und humorfreie Witze erzählte.

Nein, hier war auf einen kürzeren Weg zur Erleuchtung nicht zu hoffen! Nicht umsonst geben große Meister die Anweisung, die Zunge oben an den Gaumen zu legen und durch die Nase zu atmen. Sie misstrauen den Worten und pflegen die »Kunst des Schweigens«.

Der Meister überredete (mit vielen Worten) den Geschwätzigen zu einem Qi Gong-Kurs.
Dies hatte teilweise Erfolg: Mit geschlossenem Mund und Zunge am Gaumen konnte selbst der Redseligste nicht reden.

Er summte stattdessen wie eine zornige Hornisse.

»Sich mit Besessenheit darum bemühen, ein hohes Amt zu erlangen, ist wohl beinahe ebenso dumm wie die zwanghafte Gier nach materiellen Reichtümern.«

(Tsuretzuregusa, 14. Jahrhundert)

Nicht von dieser Welt
– aber woher dann?

»Also Papa, du bist manchmal wirklich nicht von dieser Welt!«, meinte die ebenso schöne wie kluge Tochter des Kleinen Großmeisters, wenn er wieder einmal Verona für eine Stadt gehalten hatte oder »50 Cent« für einen halben Dollar.

In der Tat neigte der Meister zu einem Verhalten, das man in seiner Jugend »Aussteigen« genannt hatte. Er besaß weder Fernsehgerät noch »Handy« und freute sich wie ein Kind, Mitglied im Fan-Club einer nicht mehr existierenden Musikgruppe zu sein, der KINKS (was »Die Exzentrischen« heißt).

In einer Kleinkunst-Szene, die zunehmend von Clowns und schrillen Tunten geprägt wurde, verzichtete der Meister demonstrativ auf Kostüme und Requisiten. Dadurch war er nicht fernsehtauglich, - was er mangels Fernsehgerät nicht bemerkte.

»Jetzt sei doch nicht so stur!«, schimpfte seine eher praktisch denkende Frau. »Das hat auch etwas von kindlicher Trotzphase, wie du schmollst. Außerdem schadest du nur dir selbst!«

»Es gibt ein richtigeres Leben im Falschen«, variierte der Meister einen klugen Mann.
»Wir boykottieren ja auch Produkte aus Massentierhaltung.«

»Man kann's auch übertreiben«, meinte die Meisterin, »Jesus und Buddha waren zwar auch Aussteiger, aber erstens hast du mit Jesus nur die Sandalen gemeinsam und mit Buddha das Herumsitzen, und zweitens wurden die beiden erst nach ihrem Tod richtig populär. Du solltest möglichst schon in diesem Leben mal befördert werden!«

»Soll ich die ›Flucht nach oben‹ antreten, wie Horst-Eberhard Richter das nannte«, verteidigte sich der kleine Meister, »Wer zu schwach ist, gleichberechtigte Beziehungen auszuhalten,
flieht in die Machtposition. Dann braucht er nicht mehr zu hören, was andere wirklich (von ihm) denken.«

»Na, ob du gleichberechtigte Beziehungen aushältst, das müssten wir auch mal untersuchen!«, knurrte die Gleichberechtigte. »Außerdem gibt es auch eine ›Flucht nach unten‹. Man kann sich auch klein machen, um der Konkurrenz auszuweichen!«

»Das ist das Prinzip des sanften Weges, des Ju-Do. Wie das Gras oder ein geschmeidiger Baum, beuge ich mich im Wind, lasse Stürme über mich hinweg ziehen, ohne zu brechen – und richte mich dann in alter Pracht wieder auf!«

»Ja, alt ist die Pracht, das sehe ich. Dein Meditationsteppich ist schon so fadenscheinig wie deine Argumente! Du bist ein schönes Beispiel für die Steigerung: gescheit – gescheiter – gescheitert! «

»Hier sitze ich und kann nicht anders«, verteidigte sich der trotzige alte Mann, stand dann aber auf, um auf einem klapperigen Fahrrad zum Termin bei einem leibhaftigen Generalintendanten zu radeln. Der hohe Herr blickte ihn an wie einen Außerirdischen.

»Hat er vielleicht Recht, mich als ›Alien‹ anzusehen? Bin ich wirklich nicht von dieser Welt«, fragte sich der Kleine Großmeister, »aber woher bin ich dann?«

Er hätte gerne behauptet, einer höheren spirituellen Ebene entsprungen zu sein, wahrscheinlicher war allerdings, dass er einfach nur entsprungen war.

»Oh, oh, Ich bin ’n Alien, ’n schrecklich fremder Alien, wie ein Saarländer in Berlin«

(Nach Sting, »An Englishman in New York«, 1988)

»Er hat seinen hölzernen Becher weggeworfen, da er einen Bettler sah, der aus der hohlen Hand trank.«

(»Nachlass des Diogenes von Sinope«, Christoph Martin Wieland, 1796)

Zynismus

Der Hund als menschliches Maß

»In diese Rumpelkammer kann man doch niemanden einladen! Da blamieren wir uns doch!«

So schimpfte die eher praktisch denkende Frau des Kleinen Großmeisters oft, wenn der Weltvergessene die ohnehin bescheidene Wohnung mit Bücherkisten und Sporttaschen zustellte.

Der Meister sah sein schäbiges Umfeld eher philosophisch:

»Der große Diogenes lebte in einer Art Fass und schickte den mächtigen Alexander aus der Sonne«, verteidigte er sich, »und die Kyniker waren auch in anderer Hinsicht vielen ein Ärgernis!«

»Du bist auch ein Ärgernis!«, zischte die Meisterin. »Berufst Dich auf Leute, die sich selbst ›Hunde‹ nennen. Das passt zu Punks, aber nicht zu seriösen Erwachsenen.«

Der Meister grübelte, warum er Angst vor Hunden hatte, aber nicht vor Kynikern – wahrscheinlich bevorzugte er bissige Bemerkungen. Er meditierte über Menschen und Hunde.

»Warum sind Unter-Hunde beliebter als Hunde?«, fragte er sich.

Als arbeitsloser Kleinkünstler hatte er als ›Underdog‹ gegolten, als Außenseiter.
Gerade kritische Intellektuelle in guten Positionen hatten ihn gefördert, ja sich geradezu mit ihm geschmückt. Als er dann vom Unterhund zum Hund geworden war und kleine Erfolge vorweisen konnte, wurde die Zuwendung deutlich geringer

»Du wirst der richtige Zwergschnauzer gewesen sein!«, knurrte seine eher praktisch denkende Frau. »Außerdem sind ›Underdogs‹ arme Hunde, die nicht anders können. Dein Diogenes hätte anständig leben können, aber er wollte nicht.«

»Das mag stimmen«, musste der Meister einräumen, »wer freiwillig verzichtet, provoziert. Aber immerhin war Diogenes so berühmt, dass Alexander zu ihm hin ging. Vielleicht gibt es da auch das Problem des rechten Maßes: Vulgäre Revolverblätter und hochgeistige Feuilletonisten haben gemeinsam, dass sie sich für Extreme interessieren: für her-

untergekommene Außenseiter einerseits und für Stars und Erfolgsmenschen auf der anderen Seite. Das mittlere Maß gilt ihnen als langweiliges Mittelmaß. Das ist nicht buddhistisch, aber menschlich. Ich müsste also nur das andere Extrem erreichen, zum Alpha-Hund werden, oder die Gattung wechseln und als Paradiesvogel den Überflieger spielen.«

Der Meister ging in die Kranich-Stellung, spreizte die Federn und machte durch heftiges Flügelschlagen Wind.

Und siehe, sie kamen und boten Streicheleinheiten an. Leider sahen sie dann seine schäbige Wohnung und zuckten zurück wie vor einem bissigen Hund.

»Sag ich's doch«, meinte die eher praktisch denkende Frau.

»Ohne das Tor zu verlassen,
Kannst du das Erdreich erfassen;
Ohne durchs Fenster zu spähn,
Den Weg des Himmels sehn.
Je weiter wir hinausgegangen,
Desto geringer wird unser Verstehn.«

(Lao-tse, Tao-Te-King, Kap. 47, 109,
6. Jahrhundert v. Chr.?/ 300 v. Chr.?)

In der Schlange...
Die Würde des Sehens

»Du warst in Japan in allen möglichen Tempeln und Schreinen, ich will jetzt in den Petersdom!!«, sagte entschlossen die eher praktisch denkende Frau des Kleinen Großmeisters, als sie Rom besuchten.

»Ja, aber du siehst doch die Schlange! Da sind mindestens 500 Leute vor uns«, wandte der Meister ein.

»Na und? Übe dich in Geduld!«

Der Kleine Großmeister schwieg beschämt. Er übte zu leiden, ohne zu klagen. Deutlich fühlte er, wie er schrumpfte: Seine Bandscheiben wurden zusammengepresst, der Bauch zog ihn zum Boden, die Beine schwollen an. Bald würde er unförmig wie eine Amöbe auf dem Boden des Platzes liegen.

»Kann ich nicht im Schatten Sitzmeditation üben und geduldig auf dich warten?«, bettelte er.

»Du kommst mit, bis hoch in die Kuppel!«, entgegnete unbarmherzig die Schaulustige. »Was ist schon Rom ohne den Petersdom?«

»Kirche ist Kirche, der heilige Geist weht überall«, entgegnete der schrumpfende Großmeister. »Dem Weisen ist alles sehenswürdig. Der Lateran oder Santa Maria Maggiore sind auch bedeutend – und bedeutend leerer.«

»Ich will in den Petersdom!«, wiederholte seine hartnäckig wartende Frau.

»Die paar Meter Größenunterschied sind doch nicht so wichtig. Außer wenigen Kunsthistorikern kann doch kaum jemand die Unterschiede in der künstlerischen Qualität wirklich beurteilen. Ihr betet doch nur die Wertungen der

Kunst-Hitparade nach«, wagte der Meister ein Aufbegehren.

Seine Frau schnaufte nur verächtlich.

Der gebeugte Mann suchte Zuflucht zu höheren Mächten: »Jesus hat gesagt: ›Wo nur zwei oder drei in meinem Namen versammelt sind, da bin ich mitten unter ihnen.‹ Von 200 und mehr hat er nicht gesprochen. 500 plappernde Touristen zerstören doch die Spiritualität der heiligsten Stätten! Den Geist des Ortes spürst du doch in der kleinsten Kapelle besser als hier.«

»Ich will in den Petersdom!«, entgegnete die Meisterin, was (als perfekte »Ich-Botschaft«) nicht zu widerlegen war.

»Deine Bestenliste der ›Sehenswürdigkeiten‹ kannst du doch in jedem Film sehen«, versuchte es dennoch der Meister, »ich kenne da einen kleinen Friedhof, der mehr Würde hat, weil ihn nur wenige sehen wollen...«

»Auf den Friedhof kommen wir noch früh genug, ich will in den Petersdom!« erklang das Mantra erneut.

Inzwischen war die Schlange schon 100 Meter vorgerückt, der Meister konnte in der Ferne den Eingang ganz deutlich sehen.

Er freute sich auf den Ausgang.

»Die Lehre von der Wiederkehr
ist zweifelhaften Sinns.
Es fragt sich sehr, ob man nachher
Noch sagen kann: ich bin's.«

(Wilhelm Busch, 1832–1908)

Der Minister als Kuh

Vom Risiko der Wiedergeburt

Buddhisten sind keine besseren Menschen. Falls sie wirklich alle Lebewesen respektieren, dann tun sie dies auch aus Eigennutz. Wer weiß, ob er (oder sie) mit dem Igel am Gartenteich nicht einem Vorfahren begegnet? Oder ob er (oder sie) nicht im nächsten Leben ein Reh sein wird – oder gar ein Wildschwein?

»Das würde dem Landwirtschaftsminister Recht geschehen, wenn er als Turbo-Kuh wiedergeboren würde und wegen seines Riesen-Euters kaum gehen könnte«, meinte boshaft die ebenso schöne wie kluge Tochter des Kleinen Großmeisters. Seine eher praktisch denkende Frau ergänzte:

»Der Präsident des sogenannten ›Bauern‹-Verbandes würde sich als Batterie-Huhn gut machen oder als Kälbchen, das in seinem kurzen Leben kein Feld und keine Sonne sieht.«

Solch boshafte Gedanken waren dem Meister fremd, na ja: nicht fremd, aber doch unerwünscht. Er sah es philosophischer: Wer Massentierhaltung und wenig nachhaltige Landwirtschaft betreibt, der schadet seinem Karma und hat gute Chancen, als niederes Tier wiedergeboren zu werden. Christen würden sagen, er kommt in die Hölle – und das Leben als Tier in der Fleischproduktion kommt dem sehr nahe.

Unerleuchtete würden nun nachfragen: »Was ist mit den Tieren, die heute misshandelt werden? Waren die alle ›Bauern‹-Funktionäre? So viele Minister kann es doch früher gar nicht gegeben haben?«

Der Kleine Großmeister differenzierte: »Es gab immer genug Böse, und wir wissen auch nicht so genau, welche schlechten Taten zu welchen Folgen führen. Aber egal, wie es sich genau verhält: Schlechte Taten anderer können nie eine Ausrede für eigene Untaten sein.«

An diesem Punkt fiel ihm seine eher praktisch denkende Frau in den Rücken:

»Wenn man dich so ansieht, wie du untätig herumsitzt, jammerst und unzufrieden bist, möchte ich dein früheres Leben nicht kennengelernt haben!«

»Wer immer strebend sich bemüht, der wird schon irgendwann erlöst«, hoffte der Meister. »Ich tue, was ich kann. Immerhin kaufe ich keine Früchte böser Taten.«

»Dann wirst du auch nicht als Turbo-Kuh wiedergeboren, aber womöglich als Kuh-Junge, wenn man deinen beruflichen Erfolg betrachtet«, grummelte die Meisterin.

»Hättest du mich lieber als Minister, der seine Seele verkauft?«, fragte der Meister.

»Ein Minister in der Familie wäre nicht schlecht«, meinte die ebenso schöne wie kluge Tochter, »vielleicht geht das auch mit gutem Karma?«

Der Meister dachte an die Regierung und seufzte.

Intensiver leben

Zum Hören ein Kopfhörer
Zum Sehen ein Fernseher
Zum Radfahren ein Hometrainer
Zum Waldlauf ein Laufband
Zum Lieben eine Gummipuppe
Zum Leben auf die Intensivstation.

»Cheap is small and not so steep
but best of all: cheap is cheap«
»Billig ist klein und nicht so toll,
aber das beste ist: Billig ist billig«
(The Kinks, »Low Budget« 1979)

Wie Arme sich ärmer machen

Von Geiz und Askese

»Du hast gut reden, schlechter Verdienende können sich deine Bio-Waren doch gar nicht leisten!«, hatten kritische Kollegen dem Kleinen Großmeister entgegengehalten, als er Naturkost empfohlen hatte. (Siehe Band I, »Zen in der Kunst des Einkaufens«)

Der Meister sah hier auch ein Problem der Bildung: Wer gut informiert ist, wird sein weniges Geld wenigstens nicht für ungesunden Schund ausgeben. Er ist vielleicht auch politisch informiert: Er weiß, wer Lieferanten so lange auspresst, bis sie ruiniert sind oder kriminelle Produktionsmethoden verwenden. Er meidet die entsprechenden Läden.

»Du hast gut reden, schlechter Verdienende haben doch keine Wahl, die müssen die billigsten Angebote kaufen«, erwiderten seine (in diesem Punkt) kritischen Arbeitskollegen.

»Ich sehe den Teufelskreis«, räumte der Kleine Großmeister ein: »Wer wenig Geld verdient oder arbeitslos ist, kauft bei den Billigheimern, die Arbeitsplätze vernichten und Löhne drücken. Dann gibt es noch mehr Arme mit oder ohne Arbeit – und die gehen wieder zu den Discountern ... Langfristig ruiniert das die Wirtschaft und führt zum großen Knall oder zum Krieg.«

Die eher praktisch denkende Frau des Kleinen Großmeisters hakte sofort ein:

DISCOU
CENTE

»Jetzt mach mal halblang, niedrige Preise und Sonderangebote sind mir immer noch lieber als ein leerer Kühlschrank!«

»Das stimmt, so lange dein Gehalt nicht genau so gesenkt wird wie die Preise. Dann ist der Kühlschrank nämlich auch leer – oder voll mit minderwertigen Waren, die ich nicht ›Lebensmittel‹ nennen möchte«, meinte der Kleinmeister der Ökonomie (was übrigens ›Lehre vom Haushalten‹ bedeutet.)

»Und was tust du für die Wirtschaft?«, schimpfte die größere Meisterin des Haushaltens. »Klagst ständig, dass wir noch zu viel ›weltlichen Besitz‹ in der Wohnung haben, spielst den Asketen und ruinierst die Inlandsnachfrage! Was unterscheidet dich von den ›Geiz ist geil‹-Deppen?«

Der Meister hätte vor Empörung fast seine Gelassenheit aufgegeben:
»Askese heißt ›Übung‹, das hat mit Geiz nicht das Geringste zu tun!! Ich kaufe zwar wenig, aber wenn ich kaufe, achte ich auf Qualität und verschwende meine Zeit nicht mit Schnäppchenjagen. Geldgier und Geiz gehören zusammen, beides sind sichere Wege zu Unzufriedenheit und Unglück.«

»In mir fließt noch das Blut der Jäger und Sammler«, konterte seine eher praktisch denkende Frau. »Ich jage gerne Schnäppchen und sammle gerne Bonuspunkte. Ihr Asketen seid da leider recht blutleer!«

Der Meister fühlte sich durch seine blutrünstige Frau in seiner Männlichkeit angegriffen:
»Mach nur so weiter, dann sind wir bald wieder in der Steinzeit! Dann habe ich endlich meine Höhle. Dort kann ich vor dem Feuer meditieren. Mit der Holzkohle male ich dann und baue langsam wieder eine Kultur auf.«

Der Kleine Großmeister träumte vor sich hin und freute sich, dass »Geiz ist geil« über Umwege vielleicht doch zur Askese führen könnte.

Modernisierung:

Früher hat man Ketzer
auf Scheiterhaufen verbrannt.
Heute werden sie
kaltgestellt.

»Selbst Dummköpfe und unfähige Menschen können in den Genuss einer hohen Stellung gelangen und ein luxuriöses Leben führen, wenn sie den richtigen Familien angehören und Glück haben.«

(Tsuretzuregusa, 14. Jahrhundert)

Brahmanen und Unberührbare

Manche sind gleicher

Es gibt nicht nur buddhistische Weise, sondern – vor allem in Deutschland – auch »Wirtschaftsweise«. Auch diese verkünden ewige Wahrheiten.

Dies hatte der Kleine Großmeister bei historischen Studien und der Durchsicht alter Unterlagen bemerkt. Die Weisen der Wirtschaft forderten zum Beispiel seit Jahrzehnten gleichlautend höhere Löhne. Sie unterschieden dabei allerdings – in eher hinduistischer Tradition – strikt zwischen den Kasten. Brahmanen sollten mehr verdienen, Unberührbare weniger.

Diese Unterscheidung hatte gute Gründe: Bei den gebildeten Brahmanen gehen die Weisen davon aus, sie würden ihr hohes Einkommen zum Wohle der Gemeinschaft einsetzen, im Lande investieren und Arbeitsplätze schaffen. Bei den ungebildeten Unberührbaren ist das anders: Würden sie mehr verdienen, bestünde die Gefahr, dass sie nur Unsinn anrichteten, das Geld unproduktiv in Sparstrümpfen oder in Matratzen versteckten.

Diese Argumentation erstaunte den Kleinen Großmeister: »Ist es nicht bei Leuten, die wenig verdienen, sehr wahrscheinlich, dass sie schon aus Hunger ihr Geld gleich ausgeben – und damit den Handel ankurbeln? Sind nicht gerade Ungebildete auf materiellen Konsum versessen? Werden nicht eher die weisen Brahmanen ihre hohen Einkünfte zur Seite legen?«

Man versicherte dem in Sachen Ökonomie unwissenden Meister, bei Brahmanen könne er davon ausgehen, dass sie ihr Geld auf die richtige Seite legen und in den richtigen Strumpf, sprich: Fond, stecken würden.

Dies beruhigte den Meister. Er sah auch ein, dass nicht alle Menschen gleich behandelt werden sollten. Auch im Kloster gibt es einen Abt, und schon George Orwell hat am Beispiel einer Farm dargestellt, dass einige Schweine gleicher sind als andere. Das gilt natürlich auch für Menschen, die biologisch den Schweinen nah verwandt sind.

Deshalb leuchtet es auch ein, wenn Wirtschaftsliberale gesetzliche Mindestlöhne fordern, – zumindest für Notare. Kann man doch davon ausgehen, dass solche Juristen (schon das Wort enthält »justus« = gerecht) mit ihren Gebühren Gutes tun werden, während niedere Arbeiter ihren Mindestlohn unverantwortlichen Lastern opfern würden.

»Alle Menschen sind vor dem Gesetz gleich« lautet ein Grundsatz des Rechtsstaates. Aber das heißt ja nicht, dass alle Menschen gleich sind. Außerdem sind Löhne kein Gesetz.

Wer statt 40 Stunden 400 Stunden pro Woche arbeitet, sollte auch das Zehnfache verdienen.

Wer 3 Jahre länger zur Schule gegangen ist als Ungebildete und dann noch 4 Jahre studiert hat, hat 7 Jahre auf ein Gehalt verzichtet. Weil er seinen Eltern das in ihn investierte Geld später zurückzahlen sollte, muss er in den folgenden 7 Jahren doppelt so viel verdienen, wie die Ungebildeten in 7 Jahren verdient haben. Plus vielleicht einen Inflationszuschlag und einen Zuschlag für die qualifiziertere Leistung.

Wer 20mal qualifizierter ist als ein Facharbeiter oder Handwerker, der muss auch 20mal mehr verdienen.

Da Weise ihr Geld vernünftiger anlegen als Unwissende, ist es auch logisch, sie geringer zu besteuern: Der Spitzensteuersatz muss daher ständig gesenkt werden, die Verbrauchsteuern dagegen müssen – als Strafe für den unsinnigen Konsum – erhöht werden.

Im Idealfall bedeutet dies auch für die Unberührbaren eine Steuersenkung, weil sie von ihrem Verdienst nichts mehr kaufen können und folglich keine Mehrwertsteuer zahlen. Die Brahmanen zahlen auch keine Steuern mehr, erstens sowieso und zweitens, weil es keinen Umsatz mehr gibt. Der Staat löst sich mangels Einnahmen in Luft auf.

Nun sind alle Forderungen der Wirtschaftsweisen erfüllt, der Kreislauf des Lebens (und Leidens) ist durchbrochen – und alle sind gleich im Nichts.

Bürokratie-Abbau:

Die Superreichen beschäftigen ein Heer
von Steuerberatern, Vermögensverwaltern,
Anwälten und Sicherheitsexperten.

Sie schimpfen über die unproduktive, aufgeblähte
öffentliche Verwaltung.

»Der weise Mensch wählt einen Weg und verfolgt ihn zielstrebig«

(Xunzi, 3. Jahrhundert v. Chr.)

Weg ohne Ziel

Bin ich Kanzler(in)?

Am frühen Morgen hörte der Kleine Großmeister im Radio eine katholische Morgenansprache. Den »Berufenen«, so hörte er da, erkenne man daran, dass er auch weitermache, wenn er keinen Erfolg habe.

»Oh, bin ich von höheren Mächten berufen?« fragte sich der Kleine Großmeister freudig, »ich mache ja auch fleißig weiter, ohne Erfolg zu haben.«

In diesem Augenblick durchzuckte ihn eine spontane Erkenntnis: »Bin ich nicht wie Kanzler und Kanzlerin? Auch KohlSchröderMerkel machen seit Jahrzehnten eine Reformpolitik, die das erklärte Ziel, die Arbeitslosigkeit zu vermindern, grandios verfehlt. Dennoch gehen sie ihren Weg unbeirrt weiter. Sind sie vielleicht von höheren Mächten berufen als vom niedrigen Volk?«

Schon wollte der Meister abdriften in boshafte Gedanken an das oberste Prozent, das immer reicher wurde, da rief er sich zur Ordnung:

»Ihr,
die ihr den WEG sucht,
vergeßt nicht
den gegenwärtigen Augenblick.«
(Taisen Deshimaru, Sandokai)

Der Meister schaltete das Radio ab, setzte sich auf sein Kissen und konzentrierte sich auf seinen Atem. Deutlich spürte er die kosmische Energie, »sah« sie sogar mit geschlossenen Augen.

»Oder bilde ich mir das nur ein?«, hörte er den Ruf einer seiner zahlreichen inneren Stimmen.

»Vielleicht bilden die anderen, die denken, ich bilde mir alles nur ein, sich selbst alles nur ein?«, fragte eine andere.

»Schon in der Bibel steht, dass du dir kein Bild machen sollst!«, ermahnte eine dritte.

Der Meister war ratlos, blieb aber unbeirrt sitzen.

Er spürte, dass dies sein Weg war – und Zen lehrt nicht zuletzt Geduld.

»Mehr vom Falschen gibt es auch«, meldete sich der Zweifel wieder. »Du wärst nicht der erste, der, wenn etwas nicht wirkt, die Dosis erhöht. Wer auf eine Wand zurast, sollte nicht das Tempo erhöhen!«

Der Meister war ratlos, blieb aber unbeirrt sitzen.

»Versuch doch wenigstens mal eine andere Atemtechnik: einmal ganz tief atmen, dreimal normal. Oder wechsele vom Schneidersitz zum Fersensitz!«, lockte eine Stimme, die sich konstruktiv gab.

Der Meister war ratlos, blieb aber unbeirrt sitzen.

Vielleicht war er doch Kanzlerin?

»Wir stehen Multiple Choice-Fragen gegenüber und müssen, anstatt die richtige Antwort zu finden, die ›beste‹ aus den vorgegebenen Antworten auswählen.«

(Santikaro Bhikkhu, Netzwerk engagierter Buddhisten, 1996)

Utopia
Der Ort, den es nicht gibt, ist da

Unsere Medien sind zunehmend utopisch.
Diesen Satz werden Sie noch nicht verstehen, aber bald. Beginnen wir vorne:

»Das ist doch nicht der richtige Ort für eine politische Kommentierung!«, hatte einst ein Chef des Kleinen Großmeisters gemeint, als dieser wieder einmal eine kritische Bemerkung verbreitet hatte.

Der Meister wurde dann an einen ruhigeren Ort versetzt ...

Dort fragte sich der Vorlaute: »Wo ist der richtige Ort?« Er grübelte: »Natürlich ist der richtige Ort für

politische Bemerkungen nicht in Musiksendungen (obwohl es gelegentlich politische Lieder gibt, die wir dann besser nicht senden). Magazine, die als ›unterhaltend‹ definiert sind, kommen auch nicht in Frage. Bleiben noch größere Reportagen, die aber auch eher berichten sollen – und, ach ja, beinahe hätte ich es vergessen, der ausdrücklich so genannte ›Kommentar‹!«

Wenn er im Radio Kommentare hörte, bemerkte der Kleine Großmeister eine deutliche Zunahme der Meinungsfreiheit. Immer mehr Kommentatoren hatten sich befreit von störenden Gedanken, damit waren sie auch frei von erkennbaren Meinungen.

Der Meister wollte das Nazi-Wort »Gleichschaltung« vermeiden, fragte sich aber doch, woher die zunehmende Gleichförmigkeit kam – selbst an »richtigen Orten«: »Ist das die Formatierung, die alle in eine vorgegebene Form zwingt, bis sie kein Format mehr haben?«, fragte er sich.

Eigentlich hatte die Freiheit ja zugenommen: Es gab fast nur noch »Freie« oder gar »freie Freie« Mitarbeiter; »Freelancer« vermieteten ihre Feder an freie Auftraggeber.

»Eine Zensur findet nicht statt«, garantiert das Grundgesetz. Und in der Tat, es gab keine Zensur! Wie soll man etwas zensieren, was es – mangels richtiger Orte – nicht gibt?
U-topia, der Ort, den es nicht gibt, wuchs schneller als das Nichts in der »Unendlichen Geschichte«.

Der Kleine Großmeister grübelte:
»Dumm-Dumm-Geschosse
sind durch die Genfer Konvention verboten.
Leider nur die aus Metall.«

Als Erben Stalins erwiesen sich ausgerechnet Neoliberale: In endlosen Kommissionen und Kooperationen schufen sie eine Art MPG (Medien-Produktions-Genossenschaft), in der alles zentral geplant wurde. So tagte zum Beispiel eine »Humor-Findungs-Kommission (HFK)« in Permanenz und suchte bissige Satiren. Unter Leitung von Prof. Tümel-Trulala sang man:
»Utopia, Utopia,
der Ort, den es nicht gibt, ist da«.

Aber das ist nun wirklich nicht der richtige Ort, um davon zu berichten.

Heraldik

Das Wappentier der populären Medienmacher
ist die Blaue Schmeißfliege,
»Calliphora vomitoria«,
ein schillernder Überflieger mit gutem Gespür für Anrüchiges.
Der Name bedeutet genauer »Kotzfliege«
und beschreibt damit auch die Reaktionen des sensibleren Publikums.

»Is there life after breakfast?«
«Gibt es ein Leben nach dem Frühstück?«
(Ray Davies, »Is there Life after Breakfast?« , 2006)

Erleuchtung mit Hindernissen
Wie Handarbeit den Geist verdunkelt

Fast hätte es geklappt!
Der Kleine Großmeister hatte auf seinem Meditationskissen gesessen, war voll konzentriert und kurz vor dem Durchbruch zu tieferer Einsicht. Da klingelte das Telefon. Der Meister ignorierte das irdische Geräusch. Es klingelte weiter. Der Meister konzentrierte sich auf seinen Atem. Es klingelte weiter. Der Meister befürchtete, es müsse etwas Schreckliches passiert sein. Er stand auf, ging zum Apparat und hob ab.

Eine melodische Stimme, süß wie in Sirup getaucht, flötete: »Guten Tag, hätten Sie Interesse an 10 000 Euro?« »Nein«, meinte der Meister kurz. Er wollte nicht erläutern, wie unbedeutend Materielles ist, um schnell auf sein Kissen zurückkehren zu können. »Sie können doch sicher kein Geld verschenken«, lockte die tief besorgte Dame. »Doch, das kann ich!«, entgegnete der Meister und legte auf. Er spürte Zorn über den kommerziellen Überfall, der ihn die Erleuchtung gekostet hatte.

»Wu-we, ohne Tun«, ermahnte er sich.

Nach einigen Atemübungen versuchte er es von neuem. Nach 20 Minuten hörte er (wie aus weiter Ferne) einen Lastwagen, verdrängte das Geräusch aber erfolgreich. Da erscholl ein schrecklicher Schrei: »EY, DER EIMER MUSS ZUERST RAUS!!« Solche Schreie stoßen Wesen der Gattung Bauarbeiter oder Handwerker aus, wenn sie sich etwas mitzuteilen haben.

Der Meister bewunderte die Resonanz und Tragfähigkeit der Stimme, die geschulte Opernsänger kaum zu überbieten vermocht hätten. Er vermutete, das es auf einschlägigen Berufsschulen Kurse gebe, bei denen die Teilnehmer auf den Sportplatz gehen, um sich aus 100 Metern Entfernung Mantras zuzurufen wie »BRING GEFÄLLIGST DEN BOHRER GLEICH MIT!!« oder »MANN, HAST DU DAS GEILE GERÄT GESEHEN??!!«

Der erwähnte Bohrer war möglicherweise der Grund für Gehörschäden, die es dieser Gattung der Arbeiter unmöglich machte, in Zimmerlautstärke zu kommunizieren.

Solche Gedanken waren interessant, sie erschwerten aber die Konzentration auf das Energiezentrum im Unterbauch. Der Kleine Großmeister stand auf und beschloss, erst einmal ein gutes Buch zu lesen.

Da wurde er Zeuge einer Infektion, die sich blitzschnell über Kilometer verbreitete: Im Nachbargarten begann ein Rasenmäher zu dröhnen. Der Meister freute sich für seinen Nachbarn: Dieser war ein kleiner Mann, der im Haus wie im Büro nicht viel zu sagen hatte. Nun war er Herr über Leben und Tod der Grashalme und Gänseblümchen. Voll Stolz weitete sich seine Brust, während er den Mäher vor sich her schob.

Das Geräusch weckte den Neid oder das Schuldbewusstsein des Nachbarn zur Linken. Dieser eilte zum Geräteschuppen, ergriff seine Maschine, die PS-stärker und größer war als die seines Konkurrenten. Er legte los und löste damit eine Kettenreaktion aus, die sich so schnell verbreitete wie der Schall.

Der Meister war voll Mitgefühl: Eine brutale Reinlichkeitserziehung in der frühsten Jugend kann nicht nur zu Waschzwang führen, sondern auch zu analem Mähzwang. Der

Rasen ersetzt dann symbolisch das Töpfchen, auf das die armen Kinder gehen mussten.

Die unterdrückten Kleinen waren zudem oft keine Wunschkinder, hatten im Mutterleib gehört, wie die Mutter dem Vater seine unkontrollierte Triebhaftigkeit vorwarf, – und er ihr ein Versagen in Sachen Verhütung. Die ungewollten Kinder mähten nun, um erwünscht zu sein.

Manche Therapeuten sehen im Rasenmähen auch eine ödipale Kastration des väterlichen Konkurrenten: Die rasenden Mäher befürchten (unbewusst), die erigierten Halme wollten ihre Mutter schwängern.

Auch diese komplizierten Gedanken führten zwar zu Mitgefühl mit allem Lebenden, aber nicht ins Nirwana. Der Meister verstand nun, warum Buddha unbehaust lebte.

In einem Haus wäre womöglich selbst Siddharta Gautama nie erwacht.

»Wenn du dich vom Zustand des Anfängers bis zum Stadium der unbewegten Weisheit hinaufgearbeitet hast, musst du wieder zum Anfänger werden.«

(Takuan, 1573–1645)

Helden des Alltags

Der Weg des Putzens

Zen in der Kunst des Staubsaugens: Über eine Stunde hatte der Kleine Großmeister aufgeräumt, bevor er sinnvoll mit dem Säubern beginnen konnte. Immer wieder hatte er beklagt, dass sich zu viel materieller Besitz angesammelt hatte, und er hatte die Mönche in ihren kargen Zellen beneidet.

Nun wurde Staub abgesaugt, anderer Schmutz feucht aufgewischt. Der Meister fühlte sich wie Sisyphus, der sich den Göttern widersetzte und zur Strafe immer wieder die gleiche Arbeit wiederholen musste.

»Eigentlich müssten alle Putzfrauen Buddhistinnen sein!«, grübelte der Meister. »Sie merken besonders deutlich, dass wir den Kreislauf durchbrechen und zum Nirwana gelangen müssen. Wer an einem Regentag den Boden putzt, um nach Minuten die nächsten dreckigen Fußspuren zu sehen, der muss doch zu tieferer Einsicht in den Unsinn des Lebens kommen.«

Der Meister stellte den Schrubber zur Seite und erläuterte seiner eher praktisch denkenden Frau: »›Schmutz‹ ist eine typisch menschliche Bewertung, die unser Gefangensein in unsinniger Polarität zeigt«.

»Rede nicht, putze!«, ermahnte sie ihn.

Aber so leicht ist ein Philosoph nicht zu stoppen. »Ob ich vom ›Kreislauf des Lebens‹ oder vom ›Kreislauf des Schmutzes‹ spreche, ich meine dasselbe«, führte er aus. »Wir kommen aus dem Staub und zerfallen zu Staub. Theoretisch ist es möglich, dass ich gerade den Staub einer meiner früheren Inkarnationen aufwasche. Ich säubere dann den Boden von meiner Vergangenheit.«

Frau und Tochter des Meisters schlugen die Augen zum Himmel.

»Gut, dass du Lehrer werden wolltest«, meinten sie, »beim Putzen wärst du nicht weit gekommen!«

»Oh, da seht ihr aber die Parallelen nicht!«, rief der Meister aus. »Lehrer sind die Putzkolonne des Geistes. Sie haben ständig mit dem Schmutz zu tun, den andere in Kinderhirnen verbreiten, sie putzen während der Schulzeit den Dreck weg, den Fernsehen und Computerspiele am Wochenende hinterlassen haben. Kaum glänzt der Geist, wird er wieder verschmutzt. Sisyphus ist der Apostel der Lehrer und Putzfrauen.«

Inzwischen war das Putzwasser unangenehm kalt geworden. Aber was stört das einen Helden des Alltags?

»Talking 'bout my generation«

»Wir reden über meine Generation«

(The Who, 1965)

Papi war'n Rolling Stone

Junge Milde, alte Wilde

Wenn er zum 579. Mal »Like a Rolling Stone« auf der Gitarre spielte oder zum 357. Mal »Masters of War«, wenn er sich also mit Bob Dylan als rollender Stein fühlte und die Kriegstreiber in die Hölle wünschte, dann haderte der Kleine Großmeister gelegentlich sogar mit seiner ebenso schönen wie klugen Tochter: »Früher gab es junge Wilde, heute junge Milde.«, seufzte er. »Könnt Ihr denn nicht etwas aufmüpfiger sein, wenigstens versuchen, die Welt zu verbessern?«

»Wir haben zu viel damit zu tun, vom 12. Praktikum zum 13. Teilzeitjob zu flitzen«, entgegnete seine Tochter. »Ihr habt es früher halt leichter gehabt!«

»Leichter!?«, stöhnte bitter der alte Meister. »Als ich zur Schule ging, gab es noch Prügelstrafe – bis ins

Gymnasium. Es gab Nachsitzen, Strafarbeiten... Die Mädchen mussten oft Hosen unter den kürzeren Röcken tragen, wir hatten Ärger wegen langer Haare und Blümchenhemden. Aber wir haben uns gewehrt. Wir haben Friedens-Symbole in die Pulte geritzt und die WHO haben damals aus Protest gesungen: ›Ich hoffe, ich sterbe, bevor ich alt werde‹. (Wobei sie allerdings etwas ins Stottern kamen.)«.

»Ja, ja, Papi war'n Rolling Stone...«, meinte die aufmüpfige Tochter, »erzählst du jetzt wieder Heldensagen?«

Der einstige Held war nicht zu bremsen: »Als ich studiert habe, gab es in Saarbrücken den Reim:

›An der Uni im Wald,
wo der Geist weht so kalt‹.

Das sagt doch wohl alles!

Aber wir haben dagegen angesungen, ich sage nur ›Keine Macht für Niemand!‹. Das ging selbst gegen höchste Autoritäten. Ich habe sogar mal ein kritisches Goethe-Lied geschrieben. (siehe unten) Und das Beste ist: Das Lied habe ich, als du noch in den Windeln lagst, live auf unserer Pop-Welle im Radio gesungen, als mal wieder ein Goethe-Jubiläum war. Das war geradezu subversiv!«

Seine ebenso schöne wie kluge Tochter wurde wieder einmal im falschen Moment rebellisch: «Du weißt auch nicht, was du willst: Soll ich jetzt buddhistisch gelassen sein oder mich aufregen?«

Sofort wurde der alte Wilde zum alten Milden: »Ja, stimmt auch wieder«, meinte er verlegen, »Brecht hat auch mal geschrieben, er wäre gerne weise, würde lieber Böses mit Gutem vergelten... aber das Unrecht hat ihn immer wieder provoziert.«

Der Meister grübelte. Er wäre so gerne gelassen gewesen, hätte aber auch gerne die Wechsler aus dem Tempel getrieben – mit heulender E-Gitarre wie Jimi Hendrix in Woodstock.

»Von mir hat er das nicht!«, murmelten Buddha und Jesus unisono im Nirgendwo.

»Also, Papa, du wirst immer kindischer«, schimpfte seine erwachsene Tochter.

»Es ist wohl kein Zufall, dass so viele Künstler – vom jungen Bob Dylan bis zum jungen Eric Burdon – sangen, dass sie früher älter waren als heute. Ich werde jünger – zumindest seelisch! ›Back where we started‹, zurück zum Anfang, das sangen die Kinks schon 1985«.

»Sag mir Bescheid, wenn du die Pubertät hinter dir hast!«

»Das ist nicht die Pubertät, die habe ich schon lange wieder hinter mir, das ist die kindliche Trotzphase. Bald frage ich wieder, warum es Männer und Frauen gibt und warum der Regen nicht nach oben fällt.«

»Dann kommst Du ja auch bald wieder in die Phase, wo du unverständliches Zeug babbelst!«

»Dann?«

Mein Goethe

Du warst in der Schule mein Alptraum,
jahrelang wiedergekäut.
Wir haben die Verse vermessen,
die Reime gepaart und gekreuzt.

Die Dichtung heißt so, weil sie dicht ist
und einfachen Geistern versperrt.
Gehalt ist verschlüsselt und dunkel
und hat keinen praktischen Wert.

Du warst schon als Säugling stets edel,
kamst nie in die Pubertät.
Du kanntest nicht Pickel noch Petting,
kamst morgens um 8 nie zu spät.

Die Zeit des Genies war erhaben.
Es gab weder Armut noch Dreck.
Probleme gab's nur mit der Seele
Und die nur in Dramen versteckt.

Du Über-Ich der Germanisten,
der Kultus-Beamten und Lehrer,
die in deinem Tiefsinn ertrinken,
scheinlebend den Toten verehren.

Du lebtest in tragischer Größe,
dein Staatsdienst blieb wirklich geheim.
Du schwebtest stets über den Wirren,
genial und am stärksten allein.

»I could cry for lauta blues

(Peter Jacoby, bayerischer Rocker, 1974)

Der Meister weint
Das mittlere Maß in der Kunst

Der Kleine Großmeister weinte.
Das tat er immer, wenn in »Rick's Bar« in Casablanca die Gäste den Nazis die Marseillaise entgegen schmetterten.

Die eher praktisch denkende Frau des Meisters verstand die Rührung nicht:
»Die singen ›aux armes, citoyen!‹, nicht ›aux larmes‹, meinte sie.« (Zu den Waffen, Bürger. Nicht zu den Tränen)

Der Meister weinte dennoch.

Er weinte nicht nur aus Sympathie für Freiheitskämpfer, sondern auch, wenn Jennifer Lopez als Hotelangestellte in Manhattan ihren Senator bekam, oder wenn Hugh Grant sich in »Notting Hill« zu seiner Julia Roberts auf die Parkbank setzte.

»Also Papa, das ist doch wirklich Kitsch!«, meinte die ebenso schöne wie kluge Tochter.

»Mag sein«, gab der Meister zu, »aber immer nur seriöse Sachbücher oder ernsthafte Kunst, das halte ich nicht aus. Bei denen muss doch mindestens eine Folterszene, ein Völkermord und ein Kindesmissbrauch vorkommen, damit der Text als ›realistisch‹ gilt!«

»Na, so ist die Realität eben«, meinten Frau und Tochter.

»Wenn ich sehen will, wie das Böse siegt, schalte ich die Tagesschau ein. Dazu brauche ich keine Künstler!«, knurrte der Meister trotzig.

»Du willst also Kunst als Ablenkung, als Opium des Volkes?? Hast du jede kritische Theorie vergessen?«, fragte fassungslos die eher praktisch denkende Frau.

»Nein, nein«, rechtfertigte sich der Tränenreiche, »die ganzen Comedy-Affen und die Volkstümler finde ich doch auch unerträglich. Aber Kunst soll doch die Realität – was

immer das genau sein mag – nicht 1:1 abbilden, sondern gestalten. Und da habe ich es lieber, wenn ein Woody Allan-Typ keine Chance hat – und sie trotzdem nutzt – oder wenn die Bösen wenigstens durch den Kakao gezogen werden.

Kennst du die Szene in »Tatsächlich Liebe«, wo Hugh Grant als Tony Blair zeigt, wie man den Amis antworten sollte?

Oder wie in der »Nackten Kanone 2 ½« die Atomindustrie und Bush senior lächerlich gemacht werden?«

»Kenne ich, aber das ist doch dicht am Klamauk!«

»Nicht nur. Unterhaltung mit kritischen Inhalten zu verbinden, das ist oft schwieriger als reiner Nonsens oder hehre Kunst. In der Mischung liegt das mittlere Maß.«

»Und Du glaubst wirklich, wenn du so etwas versuchen würdest, würde es jemand lesen?«, meinte die eher praktisch denkende Frau.

Der Kleine Großmeister weinte.

Die reine Leere
Comedy und höchste Kunst

I.

Ich will Ihr reiner Tor sein, Ihr witziger Bold,
Ihr Nonsens-Singer, Blödel-Barde.
Will blödeln, dümmeln, doofeln und mit Wörtlein spielen
in der volkstümelnden Hitparade.

II.

Die höchste Kunst, der art'ge Ton,
statt Inhalt oder Zweck: die Wort-Magie.
Der Laut an sich, das Klang-Gedicht.
Ich will den Lorbeer der Akademie.

III.

Zum Nullwachstum: die Null-Aussage,
als reine Lehre: reine Leere.
Luftblasen steigen auf im Glase
in glitzernd sprudelnder Karriere.

»Die Wahrheit ist nicht in Büchern zu finden,
in Zeichen und Worten das Gesetz nicht vererbt«
(Bodhidharma, ca. 470–543)

Jetzt aber Schluss!

Nachwörter

»Sie haben Glück, dass ich (noch) nicht erleuchtet bin! Erleuchtete pflegen nämlich gelassen und selbstgenügsam unter irgendwelchen Bäumen zu sitzen und das Schreiben von Büchern ihren Jüngern zu überlassen. Da ich keine Jünger habe, hätten Sie also die Abenteuer des Kleinen Großmeisters im exotischen Südwesten nie kennen gelernt.«

So begann der erste Band »Der Kleine Großmeister« »... und wenn er nicht gestorben ist, dann sitzt er immer noch«, könnte man den letzten Band ausklingen lassen.

Sie haben sich hoffentlich amüsiert, ich hatte den Ärger. Weil ich nichts von Satiren halte, die nur von Zeitungen und Fernsehen gespeist werden, musste ich die vielen Fehler des Kleinen Großmeisters wirklich machen. Das ist nur im Nachhinein witzig.

Ich mache schon beim einfachen Sitzen vieles anders, als es von großen Meistern empfohlen wird: Ich sitze zum Beispiel gerne mit geschlossenen Augen. Um es gehobener auszudrücken:

Im Dunkeln, mit geschlossenen Augen
sehe ich den Zusammenhang.
Müde, im Halbschlaf, treibe ich träge
zum Wachwerden.

Noch schwieriger fällt mir die Gelassenheit, mich z.B. von politischen Zuständen (um die Wertung »Missstände« zu vermeiden) nicht provozieren zu lassen. Das Tao-Te-King preist die »Tugend des Nicht-Streitens« (68, 164). Allerdings findet man auch Verse wie diese:

»Kein Übel größer,
als nicht Genügen kennen.
Kein Makel größer,
als nach Gewinn zu streben.
Wahrlich:
Wer Genügen kennt am Genügenden,
wird ständig genug haben« (46, 108)

Da kann man auch an die entfesselte Gier mancher Neoliberaler denken. Kritik an den Herrschenden findet man auch bei dem Zen-Meister Yagyu Munenori, und ein konfuzianischer Philosoph wie Mengtzu akzeptiert sogar den Tyrannenmord. Ich bin also mit meinen Bedenken nicht ganz allein.

Allen, die mir an Gelassenheit überlegen sind, den vielen wesentlich meisterhafteren Freundinnen und Freunden des Kleinen Großmeisters danke ich für ihre Geduld und ihre Nachsicht!

»hatsuun jindo – Schieb die Wolken zur Seite, erkunde deinen Weg«

(Funakoshi Gichin, 1869–1957, alternative Leseweise)

Von Zen bis ...
Fachjapanisch

Zen, gesprochen Sen (mit weichem, stimmhaften S) ist eine Weltsicht, eine Methode, vielleicht sogar das Wesen aller Dinge. Zen misstraut Worten, setzt (wie auch z.B. die christliche Mystik) auf Praxis und direkte Erfahrung. Deshalb hier möglichst wenige Worte. Für uns ist die Praxis wichtig – und die besteht z.B. aus regelmäßigem Meditieren und Achtsamkeit bei allem, was man tut, wobei zwischen Alltag und organisiertem Üben nicht unterschieden wird.

Dô, chinesisch Tao, wird meist mit »Weg« oder »Methode« übersetzt. Viele Wege können zur Erleuchtung führen – von der Teezeremonie bis zum Schwertkampf. Es spricht nichts dagegen, für sich selbst neue Wege zu finden, insofern ist »Zen in der Kunst des Tanzens« durchaus möglich. Wichtig ist immer das regelmäßige Üben, das Meditative, das Ausschalten

äußerer Ablenkung und die Konzentration auf ganz »Einfaches«.
»Das Einfache, das schwer zu machen ist«, dichtete Brecht in anderem Zusammenhang.

Kôan kann eine Hilfe beim Meditieren sein. Ein Kôan ist ein Spruch, der oft rätselhaft klingt. Das Rätsel kann aber nicht durch logisches Nachdenken gelöst werden, sondern nur durch intuitives Erfassen. Deshalb widersprechen viele Kôan bewusst den Regeln der Logik.

Zazen, Zen-Meditation im Sitzen, ist die häufigste Übungsform. Man sitzt z.B. im Fersensitz (auf einem Kissen) oder im Lotussitz, den man, je nach Fähigkeit, in vereinfachten Formen praktizieren kann. Außerdem gibt es Meditation in Bewegung, z.B. im Gehen.

Kata kann auch Meditation in Bewegung sein. Das Wort kann mit »Form« übersetzt werden: eine bis ins Detail festgelegte Folge von (z.B. Karate-)Bewegungen wird immer wieder geübt, wobei man sich z.B. auf den Atem konzentriert oder auf die Körpermitte, später möglichst gar nicht mehr denkt. »Form« deutet schon an, dass die Inhalte vielfältig sein können: Katas können der Gesundheit dienen, indem sie eine Fülle von Vitalpunkten stimulieren, Katas können auch Selbstverteidigungstechniken vermitteln.

Karate Dô kann auch ein Weg des Zen sein. »Kann« wohlbemerkt, denn weltweit gibt es heute viele Trainingsweisen, die wichtigen Prinzipien des Dô widersprechen. Äußerlich betrachtet besteht Karate aus vielfältigen Schlägen und Tritten. Es gibt Grundschule, Partner-Übungen, Kata etc. ... Kara Te bedeutet (in heutiger Schreibweise und Lesung) »leere Hand« im Sinne von »unbewaffnet«, aber auch im Sinne der buddhistischen »Leere«, dem Zustand des Nicht-Denkens. Der gute Kämpfer soll sich wie von selbst angemessen bewegen (angemessen könnte übrigens auch einmal der Rückzug sein).

Makiwara ist ein Schlagpfosten. Der Name bedeutet »mit Stroh umwickelt«, weil der Holzpfosten früher so etwas abgefedert wurde. Heute hat die Schlagfläche meist einen dämpfenden Lederbezug. Am Makiwara stärkt man die Schlagkraft, Sensei (Lehrer) Makiwara lehrt aber auch, dass man nicht zu ungestüm sein darf, sonst verletzt man sich selbst. Er stimuliert zahlreiche Akupressurpunkte, fördert die Konzentrationsfähigkeit. Ich könnte ins Schwärmen geraten.

Sensei ist übrigens jeder Lehrer. Während hierzulande Lehrer oft von höchsten Stellen beschimpft werden, sind sie im Zen hoch angesehen. Sensei helfen, Illusionen zu überwinden: ganz körperlich, indem sie darauf hinweisen, dass wir keineswegs tun, was wir zu tun glauben (z.B. aus dem Standbein heraus zu gehen), aber auch im übertragenen Sinne, indem sie uns bei der Selbsterkenntnis helfen. Entscheidend sind auch hier nicht viele Worte, sondern das Vorbild.

Nirwana ist eine Art buddhistisches Paradies, allerdings fließen dort nicht Milch und Honig, sondern höchstens Energien. Auch diese Beschreibung ist zwangsläufig falsch, weil es logisch unmöglich ist, ein absolutes Nichts existieren zu lassen. Die Nicht-Existenz, in der wir ohne Wiedergeburt endlich Ruhe und Frieden finden, ist das Ziel des Buddhismus. Mir fehlen die Worte, aber das ist auch der Sinn des Ganzen ...

道

Autor · Jürgen Albers wurde 1951 in Saarbrücken geboren. Er studierte u.a. Deutsch und Geschichte, promovierte über Bertolt Brecht, arbeitete dann als Karatelehrer, bevor er eine Ausbildung zum Gymnasiallehrer machen konnte. Inzwischen ist er Sachbuch-Redakteur bei SR 2 KulturRadio (»Fragen an den Autor«, »BucherLese«). Er gehörte Mitte der 70er Jahre zu den Begründern des Mundart-Kabaretts im Saarland (CD »20 Jahre Lieder aus'm Gärdsche«) und schrieb seitdem fast 20 Kabarett-Programme, zuletzt »Einfach irre! Ein kabarettistisches Quartett«. »Nebenbei« arbeitet er als Gymnastik-, Karate- und Tanzsport-Trainer.

Zeichner · Seishi Katto, geboren 1938 in Kochi (Japan), lebt seit 1969 in Deutschland. Er arbeitete als freier Graphiker beim Fernsehen des Saarländischen Rundfunks, produzierte Trickfilme u.a. in Deutschland und der Schweiz und hat jetzt ein Studio für Graphik und Trickfilme und ein Geschäft für japanische Waren, »Sakura«, in Bexbach (Saar).

Weiteres vom »Kleinen Großmeister«:

Bücher:

»Der Kleine Großmeister« (OD, 2002, vergriffen)
»Express ins Nirwana« (OD, 2004)
»Erleuchtung mit Hindernissen« (OD, 2006)

Hörbuch:

»Jürgen Albers liest ›Der Kleine Großmeister‹
und ›Express ins Nirwana‹«
(2 Bücher auf 2 CDs, 150 Minuten, mefistoH 2005)

Kontakt:

Jürgen Albers
Bayernstr. 15
66111 Saarbrücken
Telefon: 06 81/9 68 10 96
Info und Fotos: www.albers-kabarett.de
E-Mail: info@albers-kabarett.de

Impressum

1. Auflage 2006
Originalausgabe

Autor: Jürgen Albers
Zeichnungen: Seishi Katto

Gestaltung: Timo Pfeifer
Schrift: Univers und Linotype Rowena
Produktion: Ottweiler Druckerei und Verlag
Printed in Germany

ISBN 3-938381-12-4
ISBN 978-3-938381-12-0